LA
LIBERTÉ DE L'HISTOIRE

ET LA

COUR DE CASSATION.

PAR

A. DE LA BORDERIE.

ANCIEN ÉLÈVE PENSIONNAIRE DE L'ÉCOLE DES CHARTES.

<hr>

RENNES

IMPRIMERIE DE CH. CATEL ET Cie
Rue du Champ-Jacquet, 25.

—

1860

LA
LIBERTÉ DE L'HISTOIRE

ET LA

COUR DE CASSATION.

I.

Inutile de se le dissimuler, la liberté de l'histoire, si glorieusement défendue par MM. Berryer, Dufaure et Mgr Dupanloup, si énergiquement maintenue par la Cour de Paris dans son arrêt du 19 mars 1860, et de tout temps revendiquée par tous les esprits indépendants comme le dernier refuge de la conscience et de la dignité humaine, — cette liberté vient de recevoir une grave atteinte dans l'arrêt de la Cour de Cassation du 24 mai dernier, qui, contrairement à celui de la Cour de Paris du 19 mars, a décidé que la loi sur la diffamation doit s'appliquer au profit des morts comme à celui des vivants.

C'est notre droit incontestable de discuter cette thèse, et dès lors c'est notre devoir; car une telle jurisprudence, si elle venait à s'établir solidement, serait un bâillon véritable sur la bouche de l'histoire.

Il ne faut pas confondre, en effet, comme cela a lieu trop souvent, la diffamation et la calomnie. Aux termes de la loi du 17 mai 1819, on diffame autrui, non-seulement quand on lui reproche un acte déshonorant ou un vice honteux dont il est innocent, mais aussi quand l'existence du vice ou de l'acte reproché est certaine, patente, avouée, incontestable. La loi ne fait nulle différence entre ces deux cas, et n'a pour tous les deux qu'une même peine.

Ainsi, que je traite Garibaldi de flibustier et Palmerston d'hypocrite (lui, tyran des Irlandais, des Ioniens, des Indiens, etc., accusant le roi de Naples de tyrannie!), — je serai, pour la loi de 1819, tout aussi diffamateur que si j'osais imputer le vice d'hypocrisie et le crime de piraterie au Pontife auguste et saint qui porte si admirablement, à Rome, le poids de cette triple couronne d'épines appelée la tiare.

Bien plus, même quand le fait déshonorant se trouve constaté par décision judiciaire, vous ne pouvez le reprocher à son auteur dès qu'il a payé sa peine, sans tomber vous-même sous le coup de la loi de 1819. Voici un coquin qui sort du bagne où il a passé vingt ans, par suite d'une condamnation pour vol avec escalade, effraction et le reste; vous lui rappelez devant quatre personnes qu'il est un voleur; demain vous serez, sur sa plainte, condamné vous-même comme diffamateur.

Mais jusqu'ici, il faut le dire, nul tribunal ne s'était avisé que la loi de 1819, instituée pour protéger les vivants contre l'éclat dangereux d'une vérité fâcheuse, continuât à abriter les morts. Chacun croyait, au contraire, que la vérité, tenue captive pendant un temps par une nécessité de la paix publique et du bon ordre social, devait, sur la tombe de chaque citoyen, reprendre immédiatement ses droits et sa liberté inaliénable. C'était, dans le domaine des lois, la mise en œuvre de cet axiome du bon sens : « On doit des égards aux vivants; on ne doit aux morts que la vérité. »

L'arrêt de la Cour de Cassation a changé tout cela : dans cette doctrine, l'imputation de faits déshonorants pour la mémoire des morts, — ces faits fussent-ils établis, incontestables, — est de tout point assimilée à la diffamation envers les vivants, si ce n'est que la poursuite a lieu sur la plainte de l'héritier du diffamé. Ainsi, pour peu que les filous et les brigands laissent après eux des rejetons jaloux de leur gloire, il ne sera plus permis de faire connaître, même après décès, les exploits de ces héros du vol et de l'assassinat.

Si, par hasard, dans un coin de la France se cache quelque postérité directe ou collatérale de Cartouche ou de Mandrin, nul ne pourra, sans crainte d'un procès, rappeler que le premier de ces deux grands hommes fut roué comme voleur et l'autre comme assassin; tout au plus osera-t-on dire qu'ils furent l'un et l'autre les martyrs de cette généreuse doctrine dont les pontifes aujourd'hui, glorieux et triomphants, s'appellent Garibaldi, Mazzini, etc.

On me répondra que je pose un cas impossible, et que nul ne se souciera de réclamer la succession de Cartouche et de Mandrin. Soit; mais les fameux *héros* de 1793, les terroristes, les massacreurs de septembre, les prêtres jureurs et mariés, tout ceux-là ont certainement par le monde une postérité encore nombreuse. Si, suivant la vérité, je traite les jureurs d'apostats, les régicides de bourreaux, les septembriseurs de cannibales, croyez-vous que la progéniture de ces braves gens ne s'armera pas contre moi de la doctrine de la Cour de Cassation, d'après laquelle je serai certainement passible des peines portées par la loi de 1819 contre la diffamation?

Et le Sénat du premier Empire, si platement adulateur envers Napoléon debout, si lâchement ingrat envers Napoléon abattu, qui ne justifia son titre de Sénat *conservateur* qu'en cherchant à se conserver soi-même à travers la ruine complète de l'homme dont il tirait tout son être; — et toutes les noires trahisons, tous les parjures des Cents-Jours; — et, depuis, durant les périodes déjà entrées dans l'histoire, — Restauration, Monarchie de Juillet, République de Février, — toutes les bassesses, les forfaits, les infamies grandes et petites dont nous avons eu le triste spectacle, — comment raconter tout cela, comment caractériser suivant leur mérite les hommes et les choses, si la simple énonciation de vérités incontestables, mais peu honorables pour tels ou tels morts, devient un délit puni d'amende et de prison?

L'histoire, assurément, n'est point un pamphlet; mais encore moins doit-elle être une sorte de panégyrique-omnibus, dont la louange banale, versée tour-à-tour sur tout ce qui triomphe, ne serait en définitive qu'un *licou à toutes bêtes*. L'histoire doit couronner le bien, mais elle doit aussi condamner le mal et en flétrir les auteurs, au moins après leur mort. Les intérêts éternels de la justice et de la morale imposent à l'historien ce double devoir, dont la seconde partie, pour être la plus pénible, n'est pas moins obligatoire que la première. Mais si vous venez assurer à la mémoire du méchant la protection de la loi; si vous placez sur sa tombe l'amende d'un côté, la prison de l'autre, comme deux sentinelles chargées d'étouffer le moindre rayon de vérité capable de faire reluire la laideur morale du misérable enfoui sous cette dalle, — n'est-ce pas là précisément mettre obstacle à la mission de l'historien, enchaîner la vérité, supprimer la liberté de l'histoire, et, autant que possible, l'histoire elle-même? Car sans liberté entière et sans vérité complète, qu'est-ce que l'histoire?

II.

L'arrêt de la Cour de Cassation a pressenti cette objection; il ne l'a point résolue, elle est insoluble; mais il a cherché à l'écarter en affirmant que la jurisprudence qu'il inaugure *« ne peut en aucun cas devenir une gêne pour* « *l'histoire; —* que le juge *saura toujours re-* « *connaître* la bonne ou la mauvaise foi de « l'écrivain, apprécier le but de ses jugements « ou de ses attaques, ne pas confondre les né- « cessités et les franchises de l'histoire avec la « malignité du pamphlet, et enfin ne trouver « le délit que là où il rencontrera l'intention de « nuire. »

— *Le juge saura* TOUJOURS *reconnaître la bonne ou la mauvaise foi, la bonne ou la mauvaise intention !* Si telle est la principale garantie des historiens à venir, je me permets de la trouver insuffisante. Personne n'est plus porté que moi à rendre hommage aux lumières de notre magistrature; mais partir de ce principe que les tribunaux ne peuvent se tromper *en aucun cas*, c'est simplement attribuer à la justice humaine le premier des priviléges de la justice divine, l'infaillibilité. Et avouons qu'il est étrange de voir professer ce principe dans un arrêt qui a précisément pour but de casser la décision d'une Cour d'appel.

Peut-être est-il plus étrange encore de le voir appliquer si hardiment dans la matière la plus délicate et la plus obscure de toutes, je veux dire l'appréciation des intentions. La justice humaine, aidée des immenses moyens d'investigation que possède la police moderne, peut jusqu'à un certain point se croire infaillible dans l'ordre des faits matériels; mais dans l'ordre des faits moraux, une telle prétention serait insoutenable; et parmi les faits moraux, y a-t-il rien de plus difficile à discerner que la qualité d'une intention? Encore faudrait-il ici, d'ailleurs, bien expliquer ce qu'on appelle *intention de nuire*. Quand même je n'aurais au cœur d'autre passion que celle de la vérité et de la justice sans un seul grain d'animosité contre aucun individu mort ou vivant, du jour où je publie un fait de nature à entacher la mémoire d'autrui, je ne puis évidemment me dissimuler que le résultat forcé de cette publication sera de nuire à cette mémoire.

Je n'y nuirai point, il est vrai, pour le plaisir d'y nuire, mais pour l'honneur de servir les intérêts supérieurs de la vérité et de la morale; pourtant j'y nuirai le sachant, et par conséquent le voulant : comment donc m'absoudrait-on de toute intention de nuire? Telle est cependant, en mainte circonstance, la situation faite à l'historien le plus consciencieux et le plus honnête, non par son caprice mais par son devoir, qui lui commande formellement de préférer à l'intérêt particulier des individus les intérêts immortels, universels, du Juste et du Vrai.

Supposons pour un instant tous les juges infaillibles, et tous les écrivains acquittés dès que leurs infaillibles juges auront reconnu en eux, pardessus toutes choses, l'amour désintéressé de la Justice. Il reste toujours constant, grâce à la nouvelle doctrine de la Cassation, que la simple énonciation d'une vérité tant soit peu désagréable pour la mémoire d'un fripon mort et enterré, voire même depuis longtemps pourri et mangé des vers, placera immédiatement sous la menace d'un procès quiconque publiera cette vérité. Or, combien n'est-il pas de gens qu'un procès effraie, même quand ils sont sûrs d'en sortir nets! Et en effet, le beau plaisir d'aller s'asseoir sur les bancs de la correctionnelle, même pour s'y voir acquitter! La douce jouissance de s'entendre, pendant trois heures, adresser par l'avocat de la partie plaignante ces aménités et ces politesses, que prodigue si volontiers à ses adversaires la langue du barreau! Comment douter qu'une telle perspective ne ferme la bouche à quantité de gens paisibles, dont les recherches historiques ou le témoignage personnel serait en état d'édifier l'opinion publique sur la valeur véritable de tel ou tel héros de contrebande, mais qui désormais garderont soigneusement le silence pour éviter le péril d'un procès?

Ainsi, le moindre résultat de la nouvelle jurisprudence serait de placer immédiatement sous la menace d'une poursuite criminelle tout écrivain qui traitera l'histoire de nos cent dernières années, à moins que lui-même ne se condamne à de continuelles réticences, contraires à la dignité et à la sincérité de l'historien, et moins incompatibles peut-être encore avec les droits de son indépendance qu'avec les devoirs sérieux de sa mission.

Et l'on ne veut pas que nous trouvions là, *en aucun cas, une gêne pour l'histoire!*

Non sans doute, ce n'est pas une gêne; c'est la suppression complète de l'histoire sincère et indépendante.

Par contre, c'est l'impunité posthume assurée à toutes les turpitudes, à toutes les bassesses qui laisseront derrière elles un héritier.

On voit assez en tout cela ce que gagne la morale publique!

Mais est-il donc vrai que la loi de 1819 contienne le germe ou le principe d'un tel résultat? C'est ce que nous allons examiner, et je crois qu'il sera aisé de prouver le contraire.

III.

La loi du 17 mai 1819 définit ainsi la diffamation : « Art. 13. Toute allégation ou impu-
« tation d'un fait qui porte atteinte à l'hon-
« neur ou à la considération de *la personne* ou
« du corps auquel le fait est imputé, est une
« *diffamation.*—Toute expression outrageante,
« terme de mépris ou invective qui ne ren-
« ferme l'imputation d'aucun fait, est une *in-
« jure.* »

Et la loi du 26 mai 1819, qui règle les con-

ditions de la poursuite, porte : Art. 5. Dans le
« cas de diffamation ou d'injure contre tout
« dépositaire ou agent de l'autorité publique,
« contre tout agent diplomatique accrédité
« près du Roi, ou contre tout particulier, la
« poursuite n'aura lieu que sur la plainte de
« *la partie qui se prétendra lésée.* »

Il s'agit donc de savoir si le terme de « per-
« sonne, » employé par la loi du 17 mai, peut,
dans la langue juridique, désigner un mort,
et si, dans la loi du 26 mai, cette expression
« *la partie qui se prétendra lésée* » peut s'é-
tendre au point de comprendre les héritiers
d'un individu diffamé après décès. En cela gît
exclusivement toute la discussion du point de
droit.

L'arrêt de la Cour de Paris, du 19 mars 1860,
soutient fortement la négative, et décide « que
« ce mot *personne,* dans le langage du droit,
« surtout du droit répressif, ne désigne jamais
« qu'une personne vivante; que, pour ad-
« mettre qu'il désignerait également un indi-
« vidu décédé ou la mémoire qu'il a laissée,
« il faudrait dépasser toutes les limites de l'in-
« terprétation des lois en matière criminelle. »

La Cour de Cassation, au contraire, dans son
arrêt du 24 mai dernier, affirme « que le mot
« *personne,* employé dans l'art. 13 (de la loi du
« 17 mai 1819), comprend les vivants et les
« morts, la loi ne distinguant pas. » Ce qui
n'est d'ailleurs que la répétition abrégée des
assertions de M. Dupin en son réquisitoire, où
il dit : « Cette expression de *personne* est sus-
« ceptible d'une interprétation plus large que
« celle qui lui est donnée par l'arrêt. Dans sa
« signification générale, elle comprend l'idée

« de la personnalité humaine, envisagée sous
« tous ses aspects, même au-delà du tombeau;
« elle s'applique à *la personne décédée* aussi
« bien qu'à *la personne qui existe encore.* »

Pour donner quelque valeur à cette asser-
tion, il faudrait une preuve; il faudrait au
moins citer un texte de notre législation où le
mot *personne* se trouve employé isolément
pour désigner un mort. M. Dupin ne l'a point
fait, il ne pouvait le faire, car dans l'immense
collection des lois françaises il n'existe pas un
pareil texte. Le premier livre du Code Civil a
pour titre : *Des Personnes;* il ne s'occupe que
de régler les droits des vivants, et il en est de
même de toutes nos lois quand elles emploient
ce mot de *personne* seul, sans aucune épithète :
on ne citerait pas, je le répète, un seul exemple
contraire. Si parfois les nécessités de la rédac-
tion entraînent le législateur à désigner par ce
mot un trépassé, il a bien soin de l'indiquer
expressément par une épithète explicative :
ainsi, le Code Civil s'occupe d'une *personne décédée* (art. 77 à 82), d'une *personne morte* sans
postérité (art. 748 à 751); le Code d'instruction
criminelle nous parle aussi d'une *personne pré-
tendue homicidée* (art. 444); et le Code Pénal
d'une *personne homicidée* (art. 359). Mais quand
nos Codes et nos lois parlent simplement d'une
personne, toujours, et sans aucune exception,
il s'agit d'un vif.

Prenons le livre élémentaire par excellence,
celui qu'on met entre les mains des commen-
çants, parce qu'il résume mieux que tout autre
les premiers principes du droit civil, en un
mot, les Instituts de Justinien. Qu'y lisons-
nous au début? Que le droit a pour objet les

personnes, les choses et les actions; que c'est *pour les personnes* qu'il est établi. D'où M. Dupin devrait conclure que le droit civil est établi pour les morts aussi bien que pour les vivants, « la loi ne distinguant pas. » Seulement, Justinien ajoute que par cette expression de *personnes* on entend *tous les hommes*. (Institutes, liv. I, tit. 3.)

Le caractère essentiel de l'homme, ce qui le distingue précisément de toutes les autres créatures, c'est l'union, en un seul être, de l'âme et du corps, de l'intelligence et de la matière. Or, la mort brise cette union; elle ne détruit pas l'âme; au contraire, elle la délivre, mais en l'isolant du corps, en la dépouillant par conséquent du caractère distinctif de la condition humaine. Donc la mort détruit l'homme; donc, si dans la langue du droit cette expression de *personnes* comprend *tous les hommes*, il est sûr qu'elle n'embrasse pas un seul mort.

Voyez, du reste, la force de la vérité : dans la phrase même où M. Dupin s'efforce de ressusciter les morts en en faisant des *personnes*, il ajoute que cette expression « s'applique à la « *personne décédée* aussi bien qu'à la *personne* « *qui existe encore*. » La personne *qui existe encore*, c'est la personne vivante; donc la personne décédée, c'est la personne *qui n'existe plus*. Donc, le prétendu délit, prévu, selon M. Dupin, par l'art. 13 de la loi du 17 mai 1819, serait une « atteinte à l'honneur *d'une per-* « *sonne qui n'existe plus*. » Mais une personne qui n'existe plus n'est pas une personne; ce qui n'existe pas n'est rien, et comment peut-on atteindre le néant? N'est-il pas assez plai-

sant de voir ainsi M. le procureur-général se
réfuter lui-même sans y prendre garde?

Il continue : « Comme dans les travaux pré-
« paratoires de la loi de 1819, pas plus que
« dans son texte, rien n'indique de la part du
« législateur l'intention de restreindre aux per-
« sonnes vivantes l'application de l'art. 13, il
« est rationnel d'admettre l'interprétation dont
« la généralité peut seule donner à la loi l'é-
« tendue que comportent son but et sa portée
« morale. — L'art. 5 de la loi du 26 mai 1819
« vient encore confirmer cette opinion. En
« réglant les conditions de la poursuite en dif-
« famation, cet article ne dit pas, comme l'exi-
« gerait le système de l'arrêt (de la Cour de
« Paris), que la poursuite aura lieu sur la
« plainte de la *personne* diffamée, mais bien
« sur la plainte de *la partie qui se prétendra*
« *lésée.* » — D'où M. Dupin conclut que le législateur a voulu *évidemment* comprendre sous
cette expression l'héritier de l'individu diffamé
après sa mort.

Quoi qu'en dise M. Dupin, et le texte de la
loi et les travaux qui la préparent dénoncent
ouvertement l'intention de restreindre aux
vivants l'application de l'art. 13. Non—seulement le terme de *personne*, employé dans cet
article, ne peut, comme on l'a montré, laisser
aucun doute; mais son sens, fût-il douteux,
se trouverait dans cet article parfaitement fixé
par le voisinage du mot *considération*. On définit la diffamation, une atteinte portée « à
« l'honneur dû à la *considération* de la personne. » — « Or (disait avec raison M. Henne-
« quin en 1826, dans une cause toute pareille),
« qui jamais a fait usage du mot *considération*

« en parlant d'un mort?... Quand nous par-
« lons d'un homme qui n'est plus, nous ne
« disons pas qu'on porte atteinte à sa considé-
« ration ; la considération est une chose toute
« vivante. Un homme vivant peut jouir de
« beaucoup de considération ; un défunt ne
« jouit d'aucune considération. Il a pu laisser
« un souvenir, une mémoire, honorable ou
« non ; mais le mot de considération répugne
« avec l'idée qu'on lui prête. » (Plaidoyer de
Me Hennequin pour le journal l'*Etoile*, p. 8 et
37.)

Et pour mieux montrer que le législateur
n'avait nullement eu l'idée de protéger la *considération* des défunts, M. Hennequin rappelle
que, lors de la discussion de la loi, un député
ayant proposé d'ôter ce mot de l'article et de
n'y garder que celui d'*honneur*, M. de Serre,
garde-des-sceaux, répondit :

« Un sens du mot *considération* auquel le
« mot *honneur* ne répond pas du tout, c'est, si
« j'ose me servir de ce terme, la *considération*
« *professionnelle*, l'estime que chacun peut
« avoir acquise dans l'état qu'il exerce, estime
« qui fait une partie de sa fortune, qui est
« pour lui une propriété, un capital précieux,
« que la diffamation peut évidemment atteindre
« sans porter cependant atteinte à son hon-
« neur. Car on peut être homme d'honneur,
« n'être pas diffamé comme tel, et l'être dans
« les autres qualités morales, par exemple,
« dans celles qui font un bon négociant, un
« bon avocat, un homme d'Etat. » (*Moniteur*
du 21 avril 1819).

Donc, si dans l'art. 13 le mot *personne* désigne aussi les défunts, il faut admettre que le

législateur a eu pour but de protéger « la *con-*
« *sidération professionnelle* des morts, l'estime
« que chacun d'eux peut avoir acquise dans
« l'état qu'*il exerce*, estime qui fait *une partie*
« *de sa fortune*, qui est pour lui *une propriété*,
« *un capital précieux*, etc. » Autrement dit, il
faut supposer le législateur absurde.

Ce n'est pas tout encore.

Les deux lois du 17 et du 26 mai 1819 furent
présentées en même temps à la Chambre des
Députés. Dans l'exposé des motifs, le garde-
des-sceaux prit soin d'expliquer le système de
l'art. 5 de la seconde loi, suivant lequel le délit d'injure ou de diffamation ne peut être
poursuivi *que sur la plainte de la partie qui se*
prétendra lésée. « Le ministère public, dit-il,
« ne peut être autorisé à poursuivre la répara-
« tion de l'injure faite à un fonctionnaire ou à
« un particulier, qu'*autant que l'*un *ou l'*autre
« *porte plainte.* Nul, *sans son consentement*, ne
« peut être engagé dans des débats où la jus-
« tice même et le triomphe ne sont pas tou-
« jours exempts d'inconvénients. » (*Moniteur*
du 23 mars 1819.) Ainsi, pour qu'il y ait poursuite, il est nécessaire qu'une plainte soit portée par le fonctionnaire ou par le particulier
lui-même qui a été injurié. L'art. 5, comme on
sait, assimile absolument, quant aux conditions
de la poursuite, le délit de diffamation à celui
d'injure.

Comment donc M. Dupin a-t-il pu dire que,
par cet art. 5, le législateur *a voulu évidemment*
donner à l'héritier du diffamé le droit de provoquer la poursuite?

Comment a-t-il pu aussi affirmer que « dans
« les travaux préparatoires de la loi, rien n'in-

« dique l'intention d'en restreindre l'applica-
« tion aux personnes vivantes? » Il n'y a cependant que les vivants qui puissent porter
plainte, et, d'après l'exposé des motifs, sans
plainte *personnelle* du diffamé, point de poursuite. Si encore, à l'appui de cette vérité, on ne
trouvait dans les travaux préparatoires qu'un
seul passage à citer, on comprendrait que ce
texte unique eût pu échapper à l'attention ou
sortir de la mémoire de M. le procureur général. Mais il n'en est pas ainsi : le principe
posé par M. de Serre dans l'exposé des motifs se
retrouve formulé, en termes presque iden-
tiques, dans le rapport sur la loi fait à la
Chambre des Députés par M. Cassaignolles
(*Moniteur* du 20 avril 1819), et dans celui que
présenta à la Chambre des Pairs M. le marquis
de Catelan, qui, à l'occasion de l'art. 5 relatif
à la poursuite, s'exprime ainsi :

« L'action n'aura lieu que sur la plainte de
« *la partie qui se croira lésée.* » Mais nous allons
voir tout de suite qu'il n'interprète pas ce mot
là comme M. Dupin, car il ajoute : « Tout dé-
« coule du même principe ; les particuliers et
« les corps sont soumis aux mêmes règles, et,
« l'on peut dire, participent aux mêmes avan-
« tages. *Ici il est très-important qu'aucun procès*
« *ne puisse être engagé sans la volonté de l'*IN-
« JURIÉ. Dans les procès entrepris pour fait
« d'injure, il peut arriver qu'il y ait disconve-
« nance ou danger ; aussi *la loi s'en est sage-*
« *ment rapportée à l'*OFFENSÉ pour savoir jusqu'à
« quel point *il pourrait lui convenir* de récla-
« mer l'intervention de la justice, c'est-à-dire de
« la publicité. » (*Moniteur* du 30 mai 1819.) Inutile de rappeler encore une fois que, la poursuite

de la diffamation étant complètement assimilée à celle de l'injure, ces expressions « *l'injurié, l'offensé,* » ont ici la même valeur que celle de « *diffamé.* »

Aussi M. Hennequin, — que je me plais à citer, parce que, le premier de tous, il a traité très-complètement cette matière, — M. Hennequin tire la conclusion suivante de tous ces témoignages concordants : « Il est clair que, « d'après cette loi (1), nul ne peut se voir « vengé au-delà de ce qu'il a voulu. Le droit « de se venger doit être précédé d'une délibé- « ration personnelle. Sans doute la délibération « est impossible à celui qui n'est plus : par « cela même, il est évident que le législateur « ayant posé le principe qu'il faut une délibé- « ration personnelle, il n'a pas voulu s'occuper « des morts, qui, de nature, ne délibèrent « point. » Cette conclusion est de la dernière évidence.

Résumons en deux lignes tout ce qui précède.

1º Le mot *personne,* employé isolément et sans aucune épithète par l'art. 13 de la loi du 17 mai 1819, ne peut jamais désigner, dans la langue juridique, qu'un individu vivant.

2º Le mot *considération,* qui se lit dans le même article, n'est aussi applicable qu'aux vivants, surtout après le commentaire que nous en donnent les paroles prononcées dans la discussion de la loi par le garde-des-sceaux.

3º Les rapports faits aux deux Chambres et l'exposé des motifs de la loi du 26 mai décla-rent unanimement et expressément que les dé-lits d'injure et de diffamation ne peuvent être

____

(1) La loi de 1822 combinée avec celle de 1819.

poursuivis sans le consentement personnel et la plainte de celui même à qui s'adresse l'injure : donc le législateur *a voulu évidemment* refuser à l'héritier d'un mort diffamé le droit de provoquer la poursuite.

Tout cela est clair, évident, incontestable; on s'étonne d'en être réduit à le démontrer, surtout à l'encontre d'un jurisconsulte si loué, si vanté, si célébré. Et pourtant lè principal embarras n'est point, je l'avoue, la qualité de l'adversaire, mais bien le genre singulier de cette démonstration « qui, comme dit encore « Hennequin, consiste à *réfuter le néant* et à « *prouver l'évidence.* »

IV.

Ce qui est singulier, c'est que cette démonstration, qui démolit la chimère du prétendu délit de diffamation envers les morts, cette démonstration, comme nous venons de l'exposer ou peu s'en faut, a déjà été faite, voilà plus de trente ans, par M. Hennequin, et consacrée dès cette époque par jugement du tribunal de la Seine; et cependant M. Dupin ne s'est pas un seul instant occupé de la réfuter.

Pourtant il a essayé de masquer le vide de ses assertions par un grand déploiement de textes et de raisonnements, qui n'ont que le tort de ne toucher en rien à l'interprétation juridique des lois de 1819.

Ainsi, tout son but étant de prouver que ces lois prévoient et punissent comme un délit la diffamation envers les morts, il allègue :

1º L'art 727 du Code Civil, qui frappe d'indignité l'héritier indifférent au meurtre de son auteur;

2º Les art. 1046, 1047 du même Code, qui punissent les injures du légataire envers la mémoire du testateur;

3º L'art. 447 du Code d'instruction criminelle, qui réhabilite en certains cas la mémoire du condamné;

4º L'art. 614 du Code de commerce, qui, en certains cas aussi, réhabilite celle du failli;

5º L'art. 360 du Code pénal, qui punit les violations de sépulture;

6º La nécessité de protéger efficacement l'honneur des familles, et c'est sur ce dernier point qu'il s'étend le plus.

Mais à peine est-il besoin de répondre que tous les articles qu'on vient de citer et cent autres analogues, s'ils existaient, ne peuvent absolument rien pour introduire dans les lois de 1819 un délit que ces lois n'ont pas prévu et auquel tous ces articles n'ont aucun rapport.

Quant à l'honneur des familles, il a, pour se défendre contre les mensonges et les calomnies posthumes, l'art. 1382 du Code civil, aux termes duquel « tout fait quelconque de « l'homme qui cause à autrui un dommage, « oblige celui *par la faute* duquel il est arrivé « à le réparer. » Disposition invoquée et appliquée récemment dans plusieurs affaires de ce genre, notamment dans le procès des héritiers du prince Eugène contre le duc de Raguse, disposition qui impose à l'historien l'obligation de ne dire que la vérité, mais qui lui permet du moins de la dire tout entière, et qui concilie par conséquent, dans une juste mesure, l'intérêt particulier des familles avec la liberté nécessaire que l'histoire réclame dans l'intérêt général de la Vérité et de la Morale publique.

Aujourd'hui, je ne l'ignore pas, il est des gens qui n'aiment guère à entendre rappeler ce grand nom : Morale publique. Et d'ailleurs, à voir certains évènements qui s'accomplissent de nos jours, aux applaudissements non-seulement des démagogues, mais aussi de certain parti soi-disant conservateur, on peut être porté à se demander s'il y a encore en Europe un droit public, une morale publique? Mais quand la loi de 1819 fut portée, il en était autrement; et pour comprendre quel intérêt le législateur d'alors attachait à la protection de cette morale, il faut entendre les paroles prononcées par M. de Serre, dans la discussion même de la loi qui nous occupe, en réponse à un amendement qui proposait d'ôter le mot de *morale publique* du texte de l'art. 8 de cette loi. — Voici donc comme s'exprima le garde-des-sceaux :

« La morale publique est celle que la con-
« science et la raison révèlent à tous les peuples
« comme à tous les hommes, parce que tous
« l'ont reçue de leur divin auteur en même
« temps que l'existence; morale contemporaine
« de toutes les sociétés, que sans elle nous ne
« pouvons pas comprendre, parce que nous ne
« saurions les comprendre sans les notions d'un
« Dieu vengeur et rémunérateur du juste et de
« l'injuste, du vice et de la vertu..... Plus une
« religion a sanctionné cette morale, plus elle
« a été sain'e, et c'est l'honneur immortel du

« christianisme de l'avoir portée au dernier
« degré de pureté et de sublimité.

« La morale publique n'est donc ni une
« chose nouvelle, ni un phénomène parmi les
« nations, et j'ai peine à concevoir qu'on soit
« arrivé à élever de pareils doutes. Il est des
« temps de douleur et d'oppression qui en
« affaiblissent beaucoup le sentiment; ils ne
« l'éteignent jamais. Je suppose qu'un tyran
« ait longtemps pesé sur un pays : si, du sein
« d'une longue servilité, un homme ignoré
« jusqu'alors s'éveille, qu'il se dévoue pour les
« siens, qu'il fasse entendre les premiers accents
« de vérité et de liberté, cet homme devient
« tout à coup l'honneur de son pays, il est
« proclamé le vengeur, l'organe de la morale
« publique; tous les cœurs lui répondent, et la
« tyrannie est ébranlée jusque dans ses fonde-
« ments. (*Un grand nombre de membres tour-*
« *nent leurs regards vers M. Laîné.* (1) Voilà à
« quels traits on reconnaît et on reconnaîtra
« toujours la morale publique; c'est pour les
« nations le premier des patrimoines, le plus
« précieux des trésors; il s'enrichit de tous les
« actes de vertu, de tous les dévouements, de
« tous les sacrifices; il n'y a pas de bon citoyen
« qui ne soit appelé à l'accroître; c'est aux
« âmes héroïques qu'il est donné de l'aug-
« menter sans mesure! » (*Moniteur* du 19 avril
« 1819.)

C'est au nom de cette morale, et pour ne pas

---

(1) Tout le monde sait que M. Laîné fut le premier
en France à protester contre l'absolutisme de Napoléon Ier, dans l'adresse du Corps-Législatif en dé-
cembre 1813.

laisser amoindrir, si nous le pouvons, ce sacré patrimoine qui est la première gloire d'un peuple ; c'est dans l'intérêt de l'honneur même de la patrie que nous croyons devoir réclamer énergiquement la pleine liberté de l'histoire, dont, en 1826, Hennequin traçait le rôle vengeur dans ces éloquentes paroles :

« Tremblez, disait-il, magistrats infidèles à « vos devoirs, ministres oppresseurs, guerriers « cruels sans nécessité ; hypocrites de toutes les « classes, tartufes de toutes les opinions ; vous « qui vous jouez des choses sacrées, vous aussi « qui naguère, instruments si flexibles d'un « pouvoir oppresseur, dissimulez mal, sous un « zèle affecté pour les libertés publiques, la « haine que vous inspire le pouvoir légitime « qui vous a remplacés ; tremblez ; l'histoire « contemporaine, impatiente de ce qui vous « reste encore d'existence, va bientôt vous « juger. »

On conçoit, d'ailleurs, que certaines gens puissent redouter pour leurs tombes cette ferme indépendance de l'histoire, vengeresse de la justice et de l'honneur ; mais, malgré l'erreur fâcheuse de la Cour de Cassation, ou plutôt seulement d'une de ses chambres, nous avons l'espoir fondé que notre magistrature la maintiendra, en maintenant d'ailleurs la seule doctrine juridique conciliable avec la volonté évidente des lois de 1819.